Donizetti: Lucia di Lammermoor

Opera en Tres Actos

Traducción al Español y Comentarios
por E. Enrique Prado

Libreto de
Salvadore Cammarano

Jugum Press

ISBN-13: 978-1-939423-46-7
ISBN-10: 1-939423-46-5

Estudio de Compositor Gaetano Donizetti de Wikimedia Commons
https://commons.wikimedia.org/wiki/File%3AGaetano_Donizetti_2.jpg
Por grabado, artista no identificado (firma ilegible) - (colección privada)
Imagen de portada por Francesco Bagnara (Civica Raccolta Stampe Bertarelli Milaan)
https://upload.wikimedia.org/wikipedia/commons/1/1f/Donizettiluciabuehnenbildbagnara_hi.jpg
(en el dominio público en los Estados Unidos y otros países)

Impreso en los Estados Unidos de América
Publicado por Jugum Press
www.jugumpress.com

Edición y diseño:
Annie Pearson, Jugum Press
Consultas y correspondencia:
jugumpress@outlook.com

Índice

Prefacio ॐ Lucia Di Lammermoor

De todas las óperas románticas de Gaetano Donizetti, *Lucia di Lammermoor* es ciertamente la más famosa y es probablemente la mejor como lo demuestra el hecho de que ha soportado la prueba del tiempo.

Como compositor, Donizetti es ampliamente conocido, pero como hombre, él fue una figura obscura ante el mundo. La razón de esto es que él fue un espécimen típico de la larga línea de compositores italianos cuyas vidas fuera de su música no tuvieron interés ni importancia. Como una regla, ellos estaban contentos con practicar su arte dentro de los límites entonces en boga.

Donizetti nació en Bergamo en 1797, su juventud transcurrió en medio de una gran pobreza, pero afortunadamente para él, pronto ganó la atención y el afecto de Mayr, un compositor alemán italianizado con notable habilidad técnica. Mayr no solo dio a Donizetti mucha instrucción, sino que hizo los arreglos para que fuera a estudiar con el famoso Padre Matei en Bolonia, con el resultado de que Donizetti, comenzó su carrera con una preparación técnica superior a la que tenían la mayoría de los jóvenes compositores italianos. Por ejemplo, en su juventud, él era capaz de escribir cuartetos a la manera de Haydn y Beethoven, que aun ahora suenan bien, él además estaba muy bien enterado de los diferentes tipos de composición.

Su carrera como compositor comenzó relativamente tarde, cuando él contaba con 25 años de edad y produjo en Roma "Zoraida" la ópera que estableció su posición como autor operístico. Posteriormente fue a Nápoles y entre 1824 y 1828 escribió no menos de diez óperas ninguna de las cuales constituyó un éxito. Fue hasta 1830 que apareció *Anna Bolena*, cuya excelencia se dice que deprimió a Bellini, cuya real amistad con Donizetti siempre se vio nublada por los celos profesionales. Existe la anécdota de que el viejo Mayr, después de escucharla consintió en llamar por primera vez "Maestro" a su pupilo. Dos años después llegó la deliciosa opera *Elixir de Amor* cuya aria "Una furtiva lagrima" se canta desde entonces alrededor del mundo. Dos años después apareció *Lucrecia Borgia* que fue seguida por su *Lucia de Lammermoor* producida en Nápoles en 1833. Esta obra lo colocó al frente de los compositores contemporáneos aun cuando coincidió con un periodo de gran infelicidad de Donizetti debido al fallecimiento de sus padres y la enfermedad de su esposa que se inició durante la composición de Lucia y que finalmente la llevó a un estado de locura que duró hasta el fin de su vida.

En 1838 fue invitado a París al parecer para ocupar el lugar de Rossini, que se había retirado de la composición nueve años antes. Aquí compuso la Figlia del Regimentó y dos años después La Favorita. En 1843 presento *Don Pasquale* en el Theatre des Italiens que es una de las mejores óperas bufas jamás escritas. Esta obra la escribió Donizetti, estando al borde de la locura, la hizo en diecinueve días. Dos años después había perdido la razón y falleció en 1848 a la edad de 51 años y después de haber escrito casi 70 óperas.

Lucia de Lammermoor se escribió en tres actos sobre un libreto de Salvatore Cammarano basado en la novela "La Novia de Lammermoor" de Sir Walter Scott. Donizetti escribió la ópera en 36 días, es su trabajo de mayor importancia en el campo de la ópera seria y con ella se inició el periodo de madurez del autor.

Lucia es también una de las más finas óperas románticas que precedieron a la época de Verdi. Su escena de la locura es la más famosa en su clase de toda la ópera y requiere un gran virtuosismo para interpretarla debido a su difícil modo de estar escrita.

Se estrenó en el Teatro San Carlos de Nápoles en 26 de Septiembre de 1835 siendo el evento un completo éxito.

Traducción y comentarios por
E. Enrique Prado Alcalá
Tepoztlán, Julio de 1999

Sinopsis ∞ Lucia Di Lammermoor

ACTO PRIMERO

Escena Primera

Los guardias de Lammermoor buscan, a un merodeador que ha estado espiando en las cercanías del castillo, se les une Henry Ashton, señor de Lammermoor que está preocupado por la declinación de la fortuna de su familia y furioso contra su tradicional enemigo Edgar de Ravenswood que se deleita con su inevitable ruina. Solo un buen matrimonio entre su hermana Lucia y Lord Arthur Bucklaw puede salvarlo, pero Lucia se niega terminantemente a tal unión.

Interviene el capellán Raymond diciendo que la pena de Lucia por la reciente muerte de su madre le impide pensar en el amor. Esto provoca el desprecio de Norman, el capitán de la guardia, que revela que Lucia, ha estado viendo en secreto a un joven que en una ocasión la salvó de un toro enloquecido. El joven en cuestión es Edgar de Ravenswood, sobre quien Henry ha jurado eterna venganza.

Escena Segunda

Tiene lugar en el parque del castillo.

Una ruinosa fuente domina la escena. Llega Lucia con Alicia su fiel dama de compañía, ya que ha concertado una reunión en ese sitio con Edgar y se encuentra un tanto agitada.

Alicia le pregunta el porqué de su agitación, Lucia le cuenta una leyenda acerca de una joven que fue asesinada por su celoso amante y cayó en las aguas de la fuente y allí permanece enterrada. Lucia le dice que una vez vio al fantasma de la joven llamándola a señas. Llega Edgar y le dice que viajará a Francia para tomar las armas por Escocia.

Edgar le propone hacer la paz con Henry mediante su matrimonio con ella pero Lucia insiste en mantener su amor en secreto. Edgar y Lucia intercambian votos de amor y él se marcha.

ACTO SEGUNDO

Escena Primera

Henry en sus habitaciones discutiendo con Norman
sus planes para la boda de Lucia con Arthur.

Norman le informa que las cartas de Edgar para Lucia, han sido interceptadas y que él ha hecho correr el rumor de que aquel está enamorado de otra. Una carta falsa ha sido preparada para convencer a Lucia de la infidelidad de Edgar.

Entra Lucia pálida y distraída, se inicia una discusión con su hermano, que termina con el anuncio de éste de que se le ha escogido a un caballero noble como esposo. Lucia rechaza la idea aduciendo que ella ha jurado fidelidad a otro hombre. Henry entonces le entrega la carta falsa de Edgar y Lucia muy sorprendida después de leerla se convence de la infidelidad de su amado. Se anuncia la llegada de Arthur, y Lucia después de argumentar más con su hermano, se somete, a; su voluntad. Entonces él le explica que están al borde de la ruina y que ese matrimonio los salvará.

La escena termina con una Lucia desesperada que invoca a la muerte como su única salvadora.

Escena Segunda

Tiene lugar en el gran salón del castillo de Lammermoor.

Un alegre recibimiento da la bienvenida a Arthur quien llega jubiloso aun cuando comenta que ha oído rumores relacionados con los amoríos de Lucia y Edgar. Henry está a punto de darle explicaciones al respecto, cuando entra. Lucia sostenida por Raymund y Alicia. Henry se la presenta a Arthur pidiéndole a ella que no vaya a expresar sus verdaderos sentimientos. Lucia firma el contrato de marimono.

Súbitamente se escucha una conmoción, es Edgar que irrumpe en la habitación espada en mano, exigiendo la mano de Lucia, pero Raymund, le muestra el contrato matrimonial firmado por ella. Él se detiene momentáneamente para preguntarle a Lucia si esa firma es la suya; y cuando ella responde afirmativamente él reacciona violentamente dándole el anillo que ella le habla dado y pidiendo la devolución el suyo. Cuando ella se lo entrega, él lo arroja al piso y lo aplasta con su pie.

ACTO TERCERO

Escena Primera
En el gran salón del castillo de Lammermoor.

Se escucha la música de la orquesta, pajes y sirvientes ocupan el fondo de la escena.

El salón pronto se llena con alegres huéspedes nobles. El convivio termina abruptamente cuando entra Raymund con noticias terribles que reportar. Explica que escuchó ruidos muy extraños en la habitación de Lucia y Arthur y al entrar encontró al esposo en el suelo herido de muerte y Lucia a su lado sosteniendo en su mano la propia daga de Arthur. Entra Lucia muy pálida y con el pelo desarreglado, aun lleva la daga en su mano y murmura una serie de palabras difíciles de entender, relacionadas con Edgar, y la aparición en la fuente (Escena de la locura). Henry murmulla palabras de remordimiento

Escena Segunda
El cementerio del castillo de Ravenswood.

Edgar está solo pensando en su infortunio. Pide a sus ancestros para que lo reciban. Entonces observa que las ventanas del Castillo de Lammermoor brillan intensamente, él ignora aun lo sucedido allí. Él se atormenta con la idea de que Lucia está orgullosa y contenta al lado de su esposo.

De pronto llega hasta él una procesión murmurando palabras que entre otras cosas dicen "Ella no llegará viva hasta el amanecer" entonces les pregunta qué ha sucedido, y le cuentan toda la historia.

Se escuchan las campanas de Lammermoor, doblando a muerte, Edgar declara que su destino ya está decidido. El primero verá a Lucia y después sus palabras son interrumpidas por la llegada de Raymundo el capellán quien solemnemente le anuncia la muerte de Lucia, al escuchar esto el empuña su daga y se suicida.

FIN

꒜

Reparto ໃ Lucia Di Lammermoor

LUCIA DE LAMMERMOOR, dama de la nobleza — Soprano
EDGARD, señor de Ravenswood — Tenor
LORD HENRY ASHTON, hermano de Lucia — Barítono
RAYMOND, capellán de Lammermoor — Bajo
LORD ARTHUR BUCKLAW, futuro esposo de Lucia — Tenor
ALICE, dama de compañía de Lucia — Mezzosoprano
NORMAN, capitán de la guardia de Lammermoor — Tenor

*Lucia di Lammermoor tiene lugar en Escocia al final del siglo XVII.
La trama gira alrededor del amor entre Lucia de Lammermoor y Edgar de Ravenswood,
cuyas respectivas familias se encuentran en pugna.*

Libreto ∞ Lucia Di Lammermoor

Acto Primero

Escena Primera.
Jardines del castillo de Ravenswood

NORMAN Y CORO

Percorrete le spiaggia vicine, Percorriamo
Della torre le vaste rovine:
cada il velo di sì turpe mistero,
Lo domanda... lo impone l'onor
Fia che splenda il terribile vero
come lampo fra nubi d'orror
l'onor lo vuol.

1. Busquemos en el campo cercano,
   y en las vastas ruinas de la torre:
   que caiga el velo de misterio,
   lo demanda... lo impone el honor
   La amarga verdad nos golpeará
   como rayo entre nubes de horror
   lo demanda el honor.

Lord Henry y Raymond llegan.

NORMAN

Tu sei turbato!

2. ¡Estas turbado!

HENRY

E n'ho ben d'onde. Il sai:
del mio destin sì impallidì la stella...
Intanto Edgardo... quel mortal nemico
di mia prosapia, dalle sue rovine
erge la fronte baldanzosa e ride!
Sola una mano raffermar mi puote
nel vacillante mio poter...
Lucia osa respinger quella mano...
Ah! Suora non m'e colei!

3. Hay razón para eso. Tú sabes:
   que la estrella de mi destino palidece...
   ¡En tanto Edgar... ese enemigo mortal
   de la ruina de mi casa insolentemente
   alza la frente y ríe!
   Solo una mano me puede reafirmar
   en mi vacilante poder...
   Lucia osa rehusar esa mano...
   ¡Ah, hermana mía no es!

RAYMOND
Dolente Vergin, che geme sull'urna recente
di cara madre, al talamo potria
volger lo sguardo? Rispettiam quel core
trafitto dal duol, schivo è d'amore.

NORMAN
Schivo d'amor?... Lucia
D'amore avvampa.

HENRY
Che favelli?

RAYMOND
Oh detto!

NORMAN
M'udite. Ella sen già colà del parco
nel solingo vial dove la madre
giace sepolta. Impetuoso toro
ecco su lor s'avventa...
Quando per l'aria rimbombar sì sente
un colpo e al suol repente
cade la belva.

HENRY
E chi vibrò quel colpo?

NORMAN
Tal... che il suo nome
ricopri d'un velo.

HENRY
Lucia forse...

NORMAN
L'amò.

HENRY
Dunque il rivide?

NORMAN
Ogni alba.

HENRY
E dove?

4. ¡Inconsolable Virgen, que gime en la urna
de su querida madre, podría volver
la vista al tálamo? Respetemos un corazón
que estrujado por el dolor esquiva al amor.

5. ¿Esquiva el amor?... Lucia
Encendida de amor.

6. ¿Qué dices?

7. ¡He dicho!

8. Óyeme. Ella ha estado caminando
por el camino solitario del parque en donde
yace su madre sepultada. De pronto un
impetuoso toro sobre ella enviste...
Se escucha un disparo y al suelo
cae muerta la fiera.

9. ¿Y quién disparó ese tiro?

10. Alguien... que cubre su nombre
con un velo.

11. Quizás Lucia...

12. Lo amó.

13. ¿Entonces lo sigue viendo?

14. Todas las mañanas.

15. ¿En dónde?

NORMAN
In quel viale.

HENRY
Io fremo!
Né tu scovristi il seduttor?

NORMAN
Sospetto io n'ho soltanto.

HENRY
Ah, parla!

NORMAN
È tuo nemico.

RAYMOND
Oh ciel!

NORMAN
Tu lo detesti.

HENRY
Esser potrebbe... Edgardo.

RAYMOND
Ah!

NORMAN
Lo dicesti.

HENRY
Cruda... funesta smania
tu m'hai svegliata in petto!
È troppo, è troppo orribile
questo fatal sospetto!
Mi fé gelare e fremere...
solleva in fronte il crin.

HENRY
Colma di tanto obbrobrio
chi suora mia nascea.

NORMAN
Pietoso al tuo decoro
io fui con te crudel.

16.   En ese camino.

17.   ¡Estoy furioso!
      ¿Reconociste al seductor?

18.   Tengo una sospecha.

19.   ¡Habla!

20.   Es tu enemigo.

21.   ¡Cielos!

22.   Tú lo detestas.

23.   Podría ser... Edgar.

24.   ¡Ah!

25.   Lo has dicho.

26.   ¡Cruel... y funesta rabia
      has despertado en mi pecho!
      ¡Es horrible, es horrible
      ésta fatal sospecha!
      Me hiela y me hace temblar...
      y se me eriza el pelo.

27.   Me llena de oprobio
      quien me nació como hermana.

28.   Piadoso ante tu decoro
      yo fui cruel contigo.

RAYMOND
La tua clemenza imploro:
tu lo smentisci, oh ciel!

HENRY
Ah! Pria che d'amor sì perfido
a me svelarti rea
se ti colpisse un fulmine...

NORMAN Y RAYMOND
Ciel!

HENRY
Fora men rio dolor!

CORO
Il tuo dubbio è ormai certezza.

NORMAN
Odi tu?

HENRY
Narrate.

RAYMOND Y CORO
O giorno!
Come vinti da stanchezza,
dopo lungo errar d'intorno
noi posammo della torre
nel vestibolo cadente;
ecco tosto lo trascorre
in silenzio un uom pallente.
Quando appresso ei n'è venuto
ravvisiam lo sconosciuto
ei su rapido destriero
s'involò dal nostro sguardo...
Qual s'appella, un falconiero
ne apprendeva, qual s'appella.

HENRY
E quale?

CORO
Edgardo.

29. Imploro tu clemencia:
¡Tú lo desmentiste, oh cielo!

30. Antes de que me reveles ese pérfido
amor,
si te golpeara un rayo...

31. ¡Cielos!

32. ¡Si fuera menor mi dolor!

33. Tu sospecha es ahora certeza.

A Henry
34. ¿Los oyes?

35. Habla.

36. ¡Qué día!
Vencido por el cansancio
luego de largo errar por los alrededores
descansamos en el ruinoso vestíbulo
de la torre;
luego pronto pasa un pálido hombre
en silencio.
Al aproximarse a nosotros
lo reconocimos
y él muy rápidamente
Des apareció de nuestra vista...
Su nombre no fue revelado
por un halconero.

37. ¿Y cuál es?

38. Edgar.

HENRY
Egli!
Oh rabbia, oh rabbia che m'accendi,
contenerti un cuor non può.

RAYMOND
Ah, no, non credere!
No, no!

HENRY
No, contenerti un cuor non può
no, non può! No, no.

RAYMOND
...Deh sospendi! ...
...Ella... Ah!

HENRY
No, no.

RAYMOND
M'odi!

HENRY
Udir non vò!
La pietade in suo favore
miti sensi invan ti detta...
Se mi parli di vendetta
solo intenderti potrò.
Sciagurati! ... Il mio furore
già su voi tremendo rugge...
l'empia fiamma che vi strugge
io col sangue spegnerò.

39.   ¡El!
Oh rabia, oh rabia que me enciende,
no te puede contener mi corazón.

40.   ¡Ah, no, no lo creas!
¡No, no!

41.   ¡No, mi corazón no puede contenerse
no, no puede! No, no.

42.   ...¡Vamos, ya cálmate!...
... ¡Ella!... ¡Ah!

43.   No, no.

44.   ¡Escúchame!

45.   ¡No quiero escuchar!
Es en vano la piedad
qué pides en su favor...
Solo podré escucharte
si me hablas de venganza.
¡Miserables! ... Mi furia
ya ruge tremenda contra ellos...
la impía llama que los quema
yo con sangre extinguiré.

Escena Segunda.
En el parque del castillo de Lammermoor.
Ahi esté ya en ruinas la Fuente de la Sirena
y enfrente el imponente edificio gótico del castillo.
Es el atardecer, llega Lucia muy agitada,
acompañada de Alice su dama de compañia.

LUCIA
Ancor non giunse!

46.   ¡Aun no llega!

ALICE

Incauta, a che mi traggi!
Avventurarti or che il fratel qui venne
È folle ardir.

LUCIA

Ben parli! Edgardo sappia
qual ne circonda orribile periglio.

ALICE

Perché d'intorno il ciglio
volgi atterrita?

LUCIA

Quella fonte... ah! Mai
Senza tremar non veggo...
Ah, tu lo sai.
Un Ravenswood, ardendo
di geloso furor, l'amata donna
colà trafisse, l'infelice cadde
nell'onda, ed ivi rimanea sepolta...
M'apparve l'ombra sua...

ALICE

Che dici?

LUCIA

Ascolta:
Regnava nel silenzio
alta la notte e bruna...
Colpai la fonte un pallido
raggio di tetra luna...
quando un sommesso gemito
fra l'aura udir sì fé;
ed ecco su quel margine
l'ombra mostrarsi a me.
Qual di chi parla, muoversi
il labbro suo vedea
e con la mano esanime
chiamarmi a sé parea...
Stette un momento immobile
poi raffa dileguò,
e l'onda pria sì limpida
di sangue rosseggiò.

47.   ¡Incauta! Es una locura
arriesgarte a que llegue tu
hermano.

48.   ¡Bien dicho! Pero Edgar debe saber
que lo rodea un horrible peligro.

49.   ¿Por qué miras alrededor
con tanto terror en tus ojos?

50.   ¡Aquella fuente... ah! Pero
no la miro sin temblar...
Ah, tú lo sabes.
Un Ravenswood, ardiendo
de celoso furor apuñaló aquí a su amada
y la infeliz cayó al agua
y ahí permanece sepulta...
Su fantasma se me apareció...

51.   ¿Qué dices?

52.   Escucha:
La profunda noche negra
reinaba en el silencio...
Cae sobre la fuente un pálido
rayo de tétrica luna...
cuando un quedo gemido
se dejó oír en el aire;
y ahí estaba en esa orilla
su sombra mostrándose a mí.
Sus labios parecían hablar
yo los veía moverse
y con la mano exánime
parecía que me llamaba...
Estuvo un momento inmóvil
y después se desvaneció,
y el agua antes límpida
se tiñó de sangre.

ALICE

Chiari, oh Dio! Ben chiari e tristi
nel tuo dir presagi intendo!
Ah, Lucia, Lucia desisti
da un amor così tremendo!

LUCIA

Egli è luce a giorni miei,
e conforto al mio penar.
Quando rapito in estasi
del più cocente amore,
col favellar del core
mi giura eterna fe.
Gli affanni miei dimentico
gioia diviene il pianto.
Parmi che a lui d'accanto
sì schiuda il ciel per me!

ALICE

Ah! Giorni d'amaro pianto.
Ah! S'apprestano per te.
Ah! Lucia, ah, desisti!

LUCIA

Ah! Quando rapito in estasi
del più cocente ardore,
col favellas del core
mi giura eterna fe.
Gli affanni miei dimentico
gioia diviene il pianto...
Parmi che a lui d'accento
sì schiuda il ciel per me!

ALICE

Egli s'avanza...
La vicina soglia
io cauta veglierò.

Sale Alice y llega Edgar.

EDGAR

Lucia, perdona se ad ora inusitata.
Io vederti chiedea; ragion possente
a ciò mi trasse.

53. ¡Está claro, oh Dios, claro y triste
en tu relato hay presagios!
¡Ah, Lucia, Lucia desiste
de ese amor tan tremendo!

54. Él es mi luz y mi día,
y consuelo en mí penar.
Cuando inmerso en el éxtasis
del más quemante ardor,
con palabras de su corazón
me juró eterno amor.
Yo olvido mis afanes
el llanto termina en felicidad.
¡Me parece que al estar a su lado
el cielo se abre para mí!

55. ¡Ah! Días de amargo llanto.
¡Ah! Se aprestan para ti.
¡Ah! ¡Lucia, ah, desiste!

56. ¡Ah! Cuando inmerso en el éxtasis
del más quemante ardor,
con las palabras de su corazón
me juró amor eterno.
Mis afanes olvido
el llanto se torna en felicidad...
¡Me parece que a su lado
se abre el cielo para mí!

57. Él se aproxima...
Desde el vecino umbral
yo cauta velaré.

58. Lucia, perdona si en ésta hora inusitada.
Yo quise verte, una poderosa razón
me trae.

EDGAR
Pria che in ciel biancheggi
l'alba novella, dalle patrie sponde
lungi sarò.

LUCIA
Che dici?

EDGAR
Pé Franchi lidi amici
sciolgo le vele; ivi trattar m'è dato
le sorti della Scozia.

LUCIA
E me nel pianto
abbandoni cosí!

EDGAR
Pria di lasciarti
Ashton mi vegga... io stenderò placato
a lui la destra e la tua destra, pegno
fra noi di pace, chiederò.

LUCIA
Che ascolto!
Ah! No... rimanga nel
silenzio sepolto
per or l'arcano affetto...

EDGAR
Intendo! Di mia stirpe
il reo persecutor, de' mali miei
ancor pago non è! Mi tolse il padre
il mio retaggio avito...
Ne basta?
Che brama ancor quel cor feroce e rio?
La mia perdita intera? Il sangue mio?
Egli m'odia...

LUCIA
Ah, no.

EDGAR
M'abborre.

(continuó)
Antes de que el cielo, se aclare
con el alba nueva, lejos estaré
de la patria.

59. ¿Qué dices?

60. Para las amistosas playas de Francia
despliego las velas para tomar parte
en el destino de Escocia.

61. ¡Y tú en mi llanto me
abandonas así!

62. Antes de dejarte
Veré a Ashton... y le extenderé mi mano
derecha cuando le pida la tuya,
quiero la paz entre nosotros.

63. ¡Qué escucho!
¡Ah! No... que permanezca
sepulto en el silencio,
por ahora nuestro secreto amor...

64. ¡Entiendo! El perseguidor de mi estirpe
causante de mis males, aún no está
satisfecho. El traicionó a mi padre y
robó mi herencia...
¿No le basta?
¿Qué más quiere ese feroz corazón?
¿Mi entera ruina? ¿Mi sangre?
El me odia...

65. Ah, no.

66. Me aborrece.

LUCIA
Calma, oh ciel, quell'ira estrema.

EDGAR
Fiamma ardente in sen
mi scorre m'odi.

LUCIA
Edgardo...

EDGAR
M'odi, e trema
sulla tomba che rinserra
il tradito genitore
Al tuo sangue eterna guerra
io giurai nel mio furore:

LUCIA
Ah!

EDGAR
Ma ti vidi
c in cor mi nacque
altro affetto,
e l'ira tacque;
pur quel voto non è infranto
io potrei, sì, sì potrei compirlo ancor!

LUCIA
Deh! Ti placa... Deh, ti frena...

EDGAR
Ah, Lucia!

LUCIA
Può tradire un solo accento!
Non ti basta la mia pena?
Vuoi ch'io mora di spavento?

EDGAR
Ah, no!

LUCIA
Ceda, ceda ogn'altro affetto;
solo amor t'infiammi il petto.

67. Calma, oh cielo esa ira extrema.

68. Una flama ardiente recorre
mi seno escúchame.

69. Edgar...

70. Escúchame y tiembla.
en la tumba que encierra
a mi padre traicionado
Ante tu sangre, eterna guerra
yo juro en mi furor:

71. ¡Ah!

72. ¡Entonces te vi
y en mi corazón me nació
otro afecto
y la ira desapareció;
todavía ese voto no se ha roto
yo podré todavía cumplirlo!

73. Vamos, aplácate... Detente...

74. ¡Ah, Lucia!

75. ¡Pudo traicionarnos una sola palabra!
¿No te basta mi pena?
¿Quieres que muera de susto?

76. ¡Ah, no!

77. Debes olvidar esos sentimientos;
solo amor te inflama el pecho.

LUCIA
Un più nobile più santo,
d'ogni voto
è un puro amor!

EDGAR
Pur quel voto non è infranto...
io potrei compirlo ancor...

LUCIA
Ah, solo amor t'infiammi il petto.
cedi, cedi a me, cedi, cedi, all'amor.

EDGAR
Qui di sposa eterna fede
qui mi giura al Cielo innante.
Dio ci ascolta, Dio ci vede...
tempio ed ara è un core amante:

Le pone un anillo a Lucia.

Al tuo fato unisco il mio,
Son tuo sposo.

Le pone un anillo a Edgar.

LUCIA
E tua son io.

EDGAR Y LUCIA
Ah! Soltanto il nostro foco
spegnerà di morte il gel!

LUCIA
Ai miei voti amore invoco.
Ai miei voti invoco: il ciel.

EDGAR
Ai miei voti invoco il ciel.
Separarci omai conviene.

LUCIA
Oh, parola a me funesta!
Il mio cor con te ne viene.

EDGAR
Il mio cor con te qui resta.

(continuó)
¡Más noble y más santo,
es el puro amor mayor
que todos los votos!

78.   Yo no he roto ese voto...
yo podré aun cumplirlo...

79.   Ah, solo amor te inflama el pecho
cede, cede a mí, cede, cede al amor.

80.   Aquí, como mi esposa
júrame eterna fidelidad ante el cielo.
Dios nos escucha, Dios nos ve...
templo y altar es un corazón amante:

A tu destino, uno el mío,
Soy tu esposo.

81.   Y yo soy tuya.

82.   ¡Ah! ¡Solo el fuego de nuestro amor
extinguirá al hielo de la muerte!

83.   Sobre mis votos invoco al amor.
Sobre mis votos invoco: al cielo.

84.   Sobre mis votos invoco al cielo.
Ahora debemos separamos.

85.   ¡Oh, palabra para mi funesta!
Mi corazón va contigo.

86.   Mi corazón queda aquí contigo.

LUCIA
Ah, Edgardo, ah, Edgardo!

EDGAR
Separarsi omai conviene.

LUCIA
Ah! Talor del tuo pensiero
venga un foglio messaggiero
e la vita fuggitiva
di speranze nutrirò.

EDGAR
Io di te memoria viva
sempre oh cara serberò.

LUCIA
Ah! Verranno a te sull'aura
I miei sospiri ardenti.
Udrai nel mar che mormora
l'eco de' miei lamenti...
Pensando ch'io di gemiti
mi pasco e di dolore.
Spargi una amara lagrima
su questo pegno allor!

LUCIA Y EDGAR
Ah! Verranno a te sull'aure
i miei sospiri ardenti
Udrai nel mar che mormora
l'eco de miei lamenti...

LUCIA
Pensando ch'io di gemiti
mi pasco e di dolor...

LUCIA Y EDGAR
Spargi un'amara lagrima
su questo pegno dolor.

EDGAR
Rammentati! Né stringe il ciel!

EDGAR Y LUCIA
Addio!

87. ¡Ah, Edgar, ah Edgar!

88. Ahora debemos separarnos.

89. ¡Ah! Portadora de tu pensamiento
que me llegue una carta mensajera
y mi vida fugitiva
de esperanza nutriré.

90. Yo de ti memoria viva
siempre querida conservaré.

91. ¡Ah! Llegarán a ti por el aire
mis ardientes suspiros.
Oirás en el mar que murmura
el eco de mis lamentos...
Pensando que yo de gemidos
y de dolor me alimento.
¡Libera una amarga lágrima
como prueba de dolor!

92. ¡Ah! Llegarán a ti por el aire
mis suspiros ardientes
Oirás en el mar que murmura
el eco de mis lamentos...

93. Pensando que yo de gemidos y
de dolor me alimento...

94. Libera una amarga lágrima
como prueba de dolor.

95. ¡Recuerda! ¡El cielo nos une!

96. ¡Adiós!

Acto Segundo

En el departamento de Lord Henry Ashton.
Están Henry y Norman sentados a una mesa.

NORMAN

Lucia fra poco a te verrà.

HENRY

Tremante l'aspetto
a festeggiar le nozze illustri
già nel castello i nobili parenti
giunsero di mia famiglia,
in breve Arturo qui volge...
E s'ella pertinace osasse d'opporsi?

NORMAN

Non temer, la lunga assenza
del tuo nemico, i fogli
da noi rapiti, e la bugiarda nuova
ch'egli s'accese d'altra fiamma, in core
di Lucia spegneranno il cieco amore.

HENRY

Ella s'avanza!
Il simulato foglio porgimi.

Norman le dé un sobre.

Ed esci sulla via che tragge
alla città regina di Scozia.
E qui fra plausi e lieti grida
conduci Arturo.

---

97.   Lucía dentro de poco vendrá a ti.

98.   La espero tembloroso
para festejar las bodas ilustres
ya al castillo los nobles parientes
de mi familia llegaron,
pronto Arthur aquí llegará...
¿Y si ella pertinaz osara oponerse?

99.   No temas, la larga ausencia
de tu enemigo, las cartas
interceptadas y el rumor de que él
se ha enamorado de otra
apagarán el ciego amor de Lucia.

100. ¡Ella viene!
Dame la carta falsa.

Y sal por el camino que lleva
a la ciudad Reina de Escocia.
Y hasta aquí entre aplausos y alegres gritos
conduce a Arthur.

Lucia se detiene en el umbral, su pálido y tristen rostro demuestran su sufrimiento
y su incipiente estado de alteración mental.

HENRY

Appressati Lucia
sperai più lieta in questo di vederti
in questo di che d'imeneo le faci
s'accendono per te.
Mi guardi e taci?

LUCIA

Il pallor funesto, orrendo,
che ricopre il volto mio,
ti rimprovera tacendo
Il mio strazio... el mío dolor.
Perdonar ti possa Iddio
l'inumano tuo rigor
e il mio dolor.

HENRY

A ragion mi fe' spietato
quel che t'arse indegno affetto
Ma sì taccia del passato,
tuo fratello io sono ancor.
Spenta è l'ira nel mio petto
spegni tu l'insano amor.
Nobile sposo...

LUCIA

Cessa... cessa.

HENRY

Come?

LUCIA

Ad altr'uomo giurai mia fe.

HENRY

Nol potevi...

LUCIA

Enrico!

HENRY

Nol potevi!

LUCIA

Ad altro giurai mia fè.

101. Acércate Lucia
esperaba verte más feliz en éste día
en éste día de tu boda en que el fuego se
enciende para ti.
¿Por qué me miras y callas?

102. La palidez funesta, horrenda,
que cubre mi rostro,
te reprochará callando
mi pena... mi dolor.
Que Dios te pueda perdonar
tu inhumano rigor
y mi dolor.

103. Una razón me hizo despiadado:
el indigno afecto que sientes.
Pero si renuncias a tu pasado
todavía soy tu hermano.
Apagada está la ira en mi pecho
apaga tu ese amor insano.
Un noble esposo...

104. Calla... calla.

105. ¿Como?

106. Juraste mi fe a otro hombre.

107. No podrías...

108. ¡Henry!

109. ¡No podrías!

110. Juraste mí fe a otro.

HENRY
Basti.

111. Basta.

Le entrega un sobre recibido de Norman.

Questo foglio appien ti dice
qual crudel, qual empio amasti!
Leggi.

¡Esta carta te dice plenamente
a qué cruel e impío amaste!
Lee.

Lee primero se sorprende luego es presa de gran ansiedad que se refleja en su rostro,
y un temblor la agita de cabeza a pies.

LUCIA
Ah! Il core mi balzò!

112. ¡Ah! ¡Me salta el corazón!

HENRY
Tu vacilli...

113. Tú vacilas...

LUCIA
Me infelice!
Ah! ... La folgore piombò!
Soffriva nel planto... languida nel dolore
La speme... La vita riposi in un core...
L'istante di morte è giunto per me. Ah!
Quel core infedele ad altra sì dei.

114. ¡Pobre de mí!
¡Ah! ... ¡El rayo me golpeó!
Sufría en el llanto... languidecía de dolor
La esperanza... y la vida puestos en un
corazón, el instante de muerte llegó. ¡Ah!
Ese corazón infiel se entregó a otra.

HENRY
Un folle t'accese, un perfido amore;
tradisti il tuo sangue per vi seduttore.

115. La locura te llega por un pérfido amor;
traicionaste a tu sangre por un vil seductor.

LUCIA
Oh Dio!

116. ¡Oh Dios!

HENRY
Ma degna del Cielo né avesti mercé
quel core infedele ad altra sì diè.
Un follie t'accese,
un perfido amore
Tradisti il tuo sangue, per vil seduttore,
ma degna del Cielo né avesti mercé:
quel core infedele ad altra sì diè.

117. Pero digna del cielo, obtuviste perdón
ese corazón infiel a otra se entregó.
Una locura te enciende,
por un pérfido amor
traicionaste a tu sangre por un vil seductor,
pero digna de cielo obtuviste perdón:
ese corazón infiel a otra se entregó.

LUCIA
Ahimè!
L'istante tremendo è giunto per me.
Quei core infedele ad altra sì diè.

118. ¡Cielos!
El instante tremendo ha llegado para mí.
Ese corazón infiel a otra se entregó.

A la distancia se escuchan ecos festivos.

LUCIA
Che fia?

119. ¿Qué es eso?

HENRY
Suonar di giubbilo
Senti la riva?

120. ¿Sonidos de júbilo
escuchas desde el rio?

LUCIA
Ebbene?

121. ¿Y bien?

HENRY
Giunge il tuo sposo.

122. Llega tu esposo.

LUCIA
Un brivido mi corse per le vene.

123. Un escalofrió recorre mis venas.

HENRY
A te s'appresta il talamo!

124. ¡El tálamo se apresta para ti!

LUCIA
La tomba a me s'appresta!

125. ¡La tumba se apresta para mí!

HENRY
Ora fatale è questa!

126. ¡Esta es una hora fatal!

LUCIA
Ho sugli occhi un vel!

127. ¡Tengo un velo sobre mis ojos!

HENRY
Spento è Guglielmo... ascendere
vedremo in trono Maria...
Prostrata è nella polvere
la parte ch'io segua...

128. Guillermo... está muerto María
ascenderá al trono...
El partido al que pertenezco
está postrado en el polvo...

LUCIA
Ah! Io tremo!

129. ¡Ah! ¡Yo tiemblo!

HENRY
Dal precipizio
Arturo può sottrarmi,
sol egli!

130. ¡Del precipicio
Arthur puede salvarme,
solo él!

LUCIA
Ed io? Ed io?

131. ¿Y yo? ¿Y yo?

HENRY
Salvarmi devi!

LUCIA
Enrico!

HENRY
Vieni lo sposo!

LUCIA
Ad altri giurai!

HENRY
Devi salvarmi!

LUCIA
Ma...

HENRY
Il devi!

LUCIA
Oh ciel, oh ciel!

HENRY
Se tradirmi tu potrai,
la mia sorte è già compita...
Tu m'involi onore e vita,
Tu la scure appresti a me...
Ne' tuoi sogni mi vedrai
ombra irata e minacciosa,
quella scure sanguinosa,
starà sempre innanzi a te.

LUCIA
Tu che vedi il pianto mio,
tu che leggi in questo core,
se respinto il mio dolore
come in terra, in Ciel non è,
Tu mi togli, eterno Iddio,
questa vita disperata.

132.   ¡Debes salvarme!

133.   ¡Henry!

134.   ¡Ve con tu prometido!

135.   ¡Me prometiste a otro!

136.   ¡Debes salvarme!

137.   Pero...

138.   ¡Tú debes!

139.   ¡Oh cielo, oh cielo!

140.   Tú me puedes traicionar,
mi suerte está decidida...
Tú me quitas honor y vida,
Tu alistas el hacha para mí...
En tus sueños me verás
cómo sombra iracunda y amenazante,
esa hacha sanguinolenta,
estará siempre delante de ti.

*Alzando al cielo
sus ojos llenos de lágrimas.*

141.   Tu que ves el llanto mío,
tu que lees en mi corazón,
si mi dolor es rechazado
en la tierra, en el cielo no lo es,
Toma dios eterno,
ésta vida desesperada.

HENRY
Ah! Quella scure sanguinosa
starà sempre innanzi a te.

142. Ah! Esa hacha sanguinolenta
estará siempre frente a ti.

LUCIA
Ah! Io son tanto sventurata
che la morte
e un ben per me.

143. ¡Ah! Soy tan desventurada
que la muerte
es un bien para mí.

Escena Segunda.
En el Gran Salón del Castillo de Lammermoor.
Todo está listo para la recepción de Arthur.
Henry, Norman, caballeros y sus damas, amigos de Ashton,
pajes, escuderos habitantes de Lammemoor y sirvientes.

CORO
Per te immenso giubilo
tutto s'avviva intorno,
per te veggiam rinascere
della speranza il giorno
Qui l'amistà ti guida
qui ti conduce amor,
qual astro in notte infida
qual riso nel dolor!

144. Por ti sentimos inmenso júbilo
todo alrededor se anima,
por ti vemos renacer
el día de la esperanza
¡Hasta aquí te guía la amistad
hasta aquí te conduce el amor,
como astro en una noche hostil
como sonrisa en el dolor!

ARTHUR
Per poco fra le tenebre
spari la vostra stella,
io la farò risorgere
più fulgida, più bella
La man mi porgi, Enrico
ti stringi a questo cor.
A te ne vengo amico,
fratello e difensor!

145. Momentáneamente entre las tinieblas
cayó vuestra estrella,
yo la haré resurgir
s más reluciente, más bella
Dame tu mano Henry
y apriétala sobre éste corazón.
¡Ante ti vengo amigo,
como hermano y defensor!

CORO
Ah! Per te d'immenso giubilo
tutto s'avviva introno,
per ti veggiam rinascere
della speranza il giorno.
Qui l'amistà ti guida
qui te conduce amore.

146. ¡Ah! Por ti es éste inmenso júbilo
todo se anima en torno
por ti vemos renacer
el día de la esperanza.
Aquí te guía la amistad
aquí te conduce el amor.

ARTHUR
A te ne vengo amico,
fratello e difensor!

CORO
Qual astro in notte infida
qual riso nel dolor...
Fratello e difensor!

ARTHUR
Dov'è Lucia?

HENRY
Qui giungere
or la vedrem... se in lei
soverchia è la mestizia
maravigliar non dei
dal duolo oppressa e vinta
piange la madre estinta.

ARTHUR
M'è noto, sì, sì, m'è noto.

HENRY
Soverchia è la mestizia
ma piange la madre.

ARTHUR
Or solvi un dubbio
fama suonò che Edgardo
sovr'essa temerario
alzare osò lo sguardo...
Temerario...

HENRY
È ver, quel folle ardia, ma...

ARTHUR
Ah!

CORO
S'avanza qui Lucia, s'avanza.

HENRY
Piange la madre estinta...

147. ¡Ante ti vengo amigo, como
hermano y defensor!

148. ¡Como astro en noche hostil
como sonrisa en el dolor...
Hermano y defensor!

149. ¿En dónde está Lucia?

150. Aquí vendrá
ahora la veremos... si la ves
estrujada por la pena y el sufrimiento
no debes sorprenderte, no,
está deprimida y vencida
y llora a su madre extinta.

151. Si, si, lo sé.

152. Estrujada por la pena
llora por su madre.

153. Ahora aclara una duda
se oyó el rumor de que Edgar
sobre ella temerario
osó alzar su mirada...
Temerario...

154. Es verdad, que el loco se atrevió, pero...

155. ¡Ah!

156. Aquí llega Lucia, aquí llega.

A Arthur
157. Llora a su madre extinta...

Lucia ayudada por Raymund y Alice entra muy abatida.

HENRY
Ecco il tuo sposo.

A Lucia
158.   Aquí está tu prometido.

Lucia hace un movimiento de rechazo,
Henry le murmura:

(Incauta! Perder mi vuoi?)

(¡Incauta! ¿Quieres perderme?)

LUCIA
(Gran Dio!)

159.   (¡Gran Dios!)

ARTHUR
Ti piaccia i voti accogliere
del tenero amor mio.

160.   Te place acoger los votos
de mi tierno amor.

Va a la mesa a recoger el contrato matrimonial.

HENRY
(incauta!)
Omai sì compia il rito.

161.   (¡Incauta!)
Ahora que se cumpla con el rito.

LUCIA
(Gran Dio!)

162.   (¡Gran Dios!)

HENRY
T'appressa.

A Arturo.
163.   Acércate.

ARTHUR
Oh dolce invito.

164.   Oh dulce invitación.

Firma el contrato, Henry agrega su firma,
Alice y Raymond llevan a Lucia hasta la mesa.

LUCIA
Io vado al sacrificio! Me misera!

165.   ¡Yo voy al sacrificio! ¡Pobre de mí!

HENRY
Non esitar... scrivi!

166.   ¡No dudes... firma!

RAYMOND
Reggi buon Dio l'affitta!

167.   ¡Ayuda buen Dios a la afligida!

HENRY
Scrivi!

168.   ¡Firma!

Firma el documento.

LUCIA
La mia condanna ho scritto!

169.   ¡He firmado mi condena!

HENRY
(Respiro!)

170.   (¡Respiro!)

LUCIA
Io gelo ed ardo...
Io manco...

171.   Me congelo y ardo...
Me desmayo...

Desde la puerta trasera se escucha
el ruido de alguien tratando de entrar a la fuerza.

TODOS
Qual fragro! Chi giunge?

172.   ¡Qué conmoción! ¿Quién llega?

Entra envuelto en un manto.

EDGAR
Edgardo!

173.   ¡Edgar!

TODOS
Edgardo! Oh terror!

174.   ¡Edgar! ¡Oh terror!

LUCIA
Edgardo! Oh fulmine!

175.   ¡Edgar! ¡Qué desgracia!

EDGAR
Chi mi frena in tal momento?
Chi troncò dell'ira il corso?
Il suo duolo, il suo spavento.
Son la prova di un rimorso!
Ma, qual rosa inaridita,
ella sta fra morte e vita!
Io son vinto... son commosso!
T'amo ingrata, t'amo ancor!

176.   ¿Qué me detiene en éste momento?
¿Quién truncó el curso de mi ira?
Su duelo, su miedo.
¡Son la prueba del remordimiento!
¡Pero como rosa marchita,
ella está entre la muerte y la vida!
¡Estoy vencido... conmocionado!
¡Te amo ingrata, todavía te amo!

HENRY
Chi raffrena il mio furore,
e la man che al brando corse?
Della misera in favore
nel mio petto un grido sorse!
E mio sangue! Io l'ho tradita!
Ella sta fra morte e vita...
Ah! Che spengere non posso
i rimorso nel mio cor!

177.   ¿Quién detiene mi furor,
y la mano que va a la espada?
¡En favor de la pobre
de mi pecho surge un grito!
¡Es mi sangre! ¡Yo la he traicionado!
Ella está entre la muerte y la vida...
¡Ah! ¡No puedo apagar
los remordimientos de mi corazón!

LUCIA

Io sperai che a me la vita
tronca avesse il mio spavento
Ma la morte non m'aita...
vivo ancor per mio tormento!
Dà miei lumi cadde, il velo...
mi tradì la terra e il cielo!
Vorrei piangere, ma non posso...
m'abbandona il pianto ancor!

178. ¡Yo esperaba que a mí la vida
me hubiera evitado el miedo
Pero la muerte no me ayuda...
aún vivo atormentada!
¡De mis ojos cae el velo...
me traicionan la tierra y el cielo!
¡Quisiera llorar pero no puedo...
me abandona de nuevo el llanto!

RAYMOND

Qual terribile momento!
Più formar non so parole,
densa nube di spavento
par che copra i rai del sole!
Come rosa inaridita
ella sta fra morte e vita,
chi per lei non è commosso
ha di tigre in petto il cor!

179. ¡Este terrible momento!
¡No pueden describirlo mis palabras,
una densa nube de miedo
parece que cubre los rayos del sol!
¡Como rosa marchita
ella está entre la muerte y la vida
quien por ella no se conmueva
tiene corazón de tigre en el pecho!

EDGAR

Chi mi frena in tal momento?
Ma chi? Chi?
Come rosa inaridita
ella sta fra morte e vita! ...
Ingrata! T'amo ancor,
Si, t'amo ancor!

180. ¿Quién me detiene en éste momento?
¡Pero quién? ¿Quien?
¡Como rosa marchita
ella está entre la muerte y la vida! ...
¡Ingrata! ¡Todavía te amo!
¡Si, todavía te amo!

HENRY

E mio sangue! L'ho tradito!
Ella sta fra morte e vita...
Spegnere non posso i rimorsi...

181. ¡Es mi sangre! ¡La he traicionado!
Ella está entre la muerte y la vida...
No puedo apagar los remordimientos...

ARTHUR

Qual terribile momento!
Più formar non so parole
densa nube di spavento
par che copra i rai del sole!
Come rosa inaridita
ella sta fra morte e vita,
Chi per lei non è commosso
ha di tigre in petto il cor!

182. ¡Qué momento tan terrible!
¡Mis palabras no pueden describir
el denso velo del miedo
parece que cubre los rayos del sol!
¡Como rosa marchita
ella está entre la muerte y la vida,
Quien por ella no se conmueva
tiene corazón de tigre en el pecho!

ALICE Y CORO
Come rosa inaridita
ella sta fra morte e vita.
Chi per lei no è commosso
ha di tigre in petto il cor!

LUCIA
Vorrei piangere e non posso
m'abbandonai pianto ancor!

EDGAR
Ah, son vinto, son commosso!
T'amo ingrata, t'amo ancor!

HENRY
Ah! E mio sangue l'ho tradita!
Ella sta fra morte e vita!
Ah! Che spegnere non posso
i rimorsi del mio cor!

RAYMOND
Chi per lei non è commosso
ha di tigre in petto il cor!

ARTHUR Y HENRY
T'allontana, sciagurato.

O il tuo sangue fia versato.

CORO
T'allontana, sciagurato.

EDGAR
Morirò, ma insieme col mio
altro sangue scorrerà.

RAYMOND
Rispettate in me di Dio
la tremenda maestà
In suo nome io vel commando
deponete l'ira e il brando.

183. Como rosa marchita
ella está entre la muerte y la vida.
¡Quien por ella no se conmueva
tiene en el pecho un corazón de tigre!

184. ¡Quisiera llorar pero no puedo
me abandona de nuevo el llanto!

185. ¡Ah! ¡Estoy vencido y conmovido!
¡Te amo ingrata, todavía te amo!

186. ¡Ah! ¡Es mi sangre, la he traicionado!
¡Ella está entre la muerte y la vida!
¡Ah! ¡No puedo apagar
los remordimientos de mi corazón!

187. ¡Quien por ella no esté conmovido
tiene en el pecho un corazón de tigre!

A Edgar.
188. Aléjate, desgraciado.

Desenvainan sus espadas:
O tú sangre será derramada.

189. Aléjate desgraciado.

Desenvaina su espada.

190. Moriré, pero con la mía
otra sangre correrá.

191. Respeten conmigo la tremenda
majestad de Dios.
En su nombre, les ordeno
depongan su ira y sus espadas.

RAYMOND
Pace, pace... Egli abborrisce...
l'omicida, e scritto sta:
"Chi di ferro altrui ferisce,
pur di ferro perirà"

(continuó)
Paz, paz... El aborrece
a los homicidas, está escrito:
"El que con hierro a otro hiere,
con hierro morirá"

Todos envainan sus espadas.

Pace, pace!

¡Paz, paz!

Avanza hacia Edgar.

HENRY
Sconsigliato!
In queste porte chi ti guida?

192. ¡Temerario!
      ¿Quién te guio hasta ésta puerta?

EDGAR
La mia sorte
il mio dritto!

193. ¡Mi suerte
      mi derecho!

HENRY
Sciagurato!

194. ¡Desgraciado!

EDGAR
Si! Lucia
la sua fede a me giurò!

195. ¡Si! ¡Lucia
      me juró fidelidad!

RAYMOND
Ah, questo amor funesto obblia,
ella è d'altri...

196. Ah, olvida ese amor,
      ella es de otro...

EDGAR
D'altri? No!

197. ¿De otro? ¡No!

Le muestra el contrato matrimonial.

RAYMOND
Mira.

198. Mira.

Lo lee y luego mira fijamente a Lucia.

EDGAR
Tremi... ti confonde!
Son tue cifre? ... A me rispondi!

199. ¡Tiembla... estás confundida!
      ¿Es tu letra?... ¡Respóndeme!

Le muestra la firma.

Son tue cifre? Rispondi.

¿Es tu letra? Responde.

LUCIA
Si...

200. Si...

Conteniendo la ira, le devuelve el anillo.

EDGAR
Riprendi
il tuo pegno, infido cor!

201. ¡Toma
tu prenda, corazón infiel!

LUCIA
Ah!

202. ¡Ah!

EDGAR
Il mio dammi!

203. ¡Dame el mío!

LUCIA
Almen...

204. Al menos...

EDGAR
Lo rendi.

205. Entrégamelo.

LUCIA
Edgardo! Edgardo!

206. ¡Edgar! ¡Edgar!

Le regresa el anillo.

EDGAR
Hai tradito il cielo e amor.
Maledetto sia l'istante
che di te mi rese amante
stirpe iniqua... abbominata...
Io dovea da te fuggir!
Abbominata, maledetta,
Io dovea da te fuggir!

207. Has traicionado al cielo y al amor.
Maldito sea el instante
que ante ti me rendí amante
estirpe inicua... abominada...
¡Debí de haber huido de ti!
¡Abominada, maldita,
debí de haber huido de ti!

LUCIA
Ah!

208. ¡Ah!

EDGAR
Ah! Ti disperda!

209. ¡Ah! ¡Estas confundida!

HENRY
Insano ardir! Esci!

210. ¡Loco atrevido! ¡Vete!

RAYMOND
Insano ardir! Pace!

211. ¡Loco atrevido! ¡Paz!

CORO
Insano ardir!

212.   ¡Loco atrevido!

ARTHUR, HENRY Y CORO
Esci, fuggi, il furor che accende ne
solo un punto i suoi colpi sospende...
Ma fra poco più atroce, più fiero...
sul tuo capo abborrito cadrà.

213.   Vete, huye, la furia que me enciende
desiste un momento de atacarte...
Pero dentro de poco, más atroz, más feroz...
sobre tu aborrecida cabeza caerá.

RAYMOND
Infelice t'invola, t'affretta...
i tuoi giorni, il suo stato rispeta...
Vivi, e forse il tuo duolo fia spento,
tutto è lieve all'eterna pietà.

214.   Infeliz, vete, apresúrate...
respeta tu vida y su estado...
Vive y quizás tu duelo se extinga,
todo es leve para la piedad eterna.

Cae de rodillas.

LUCIA
Dio lo salva, in sì fiero momento
D'una misera ascolta l'accento...
È la prece d'immenso dolore
che più in terra speranza non ha...
E l'estrema domanda del core
che sul labbro spirando mi sta!

215.   Dios sálvalo en éste fiero momento
Escucha el lamento de una pobre mujer
que es presa de inmenso dolor
que ya no tiene esperanza...
¡Es la extrema demanda del corazón
que en mis labios muriendo está!

Lanzando lejos su espada.

EDGAR
Trucidatemi, e pronubo al rito
sia lo scempio d'un core tradito...
Del mio sangue coperta la soglia
dolce vista per l'empia sarà.
Calpestando l'esangue mia spoglia
all'altare più lieta se ne andrà.

216.   Mátenme y como testigo de la boda
sea el ejemplo de un corazón traicionado...
Con mi sangre cubierto el suelo
dulce vista para la impía será.
Pisoteando mi sangre derramada
al altar muy alegre caminará.

HENRY, ARTHUR Y CORO
Va! T'invola!
La macchia d'oltraggio sì nero
lavata col sangue sarà!
Esci, fuggi, il furor che m'accende
solo un punto i suoi colpi sospende...
Ma fra poco più atroce, più fiero
sul tuo capo abborrito cadrà.

217.   ¡Vete! ¡Vete!
¡La mancha del negro ultraje
será lavada con sangre!
Vete, huye, el furor que me enciende
apenas puede detener su golpe...
Pero dentro de poco, más atroz, más feroz
caerá sobre tu cabeza aborrecida.

LUCIA, RAYMOND Y CORO

Deh! Ti salva infelice!	218. ¡Vamos! ¡Sálvate infeliz!
T'invola! T'affretta!	¡Vete! ¡Apresúrate!
I tuoi giorni... Il tuo stato rispetta...	Tu vida... y su estado respeta...
Vivi, e forse il tuo duolo sia spento,	Vive y quizás tu duelo se extinga
tutto è lieve all'eterna pietà.	todo es leve para la piedad eterna.
Quante volte ad un solo tormento	Cuántas veces ante un solo tormento
mille gioie apprestate non ha.	se presentan mil alegrías.

Raymundo sostiene a Lucia, cuya pena ahora es extrema.
Alice y las damas los rodean.
Los demas persiguen a Edgar que corre hacia la puerta.

Acto Tercero

Escena Primera.
El Gran salón del Castillo de Lammermoor.
Los sonidos de una alegre danza llegan de los salones adyacentes.
Pajes, sirvientes, y gente del castillo llenan el fondo de la escena mientras las damas
y los caballeros se unen a la alegría general danzando y cantando.
Se celebra la fiesta de la boda entre Lucia y Arthur.

CORO
D'immenso giubbilo
s'innalzi un grido
corra la Scozia
di, lido in lido,
E avverta i perfidi
nostri nemici
che a noi sorridono
la stelle ancor.

219. De inmenso júbilo
se levanta un grito
que recorre Escocia
de playa a playa,
Y advierte a nuestros pérfidos
enemigos
que a nosotros nos sonríen
de nuevo las estrellas.

Llega con pasos inciertos.

RAYMOND
Deh! Cessate quel contento...

220. Que cese ésta alegría...

CORO
Sei cosparso di pallore.

221. Está terriblemente pálido.

RAYMOND
Deh! Cessate!

222. ¡Vamos! ¡Deténganse!

CORO
Ciel! Che rechi?

223. ¡Cielos! ¿Qué pasó?

RAYMOND
Un fiero evento!

224. ¡Un fatal evento!

CORO
Tu ne agghiacci di terrore!

225. ¡Estás helado de terror!

RAYMOND

Dalle stanze ove Lucia
trassi già col suo consorte
un lamento... un grido uscia,
come d'uom vicino a morte!
Corsi ratto in quelle mura.
Ah! Terribile sciagura!
Steso Arturo al suol giaceva
muto, freddo, insanguinato!
E Lucia l'accia stringeva
che fu già del trucidato.
Ella in me le luci affisse
"Il mio sposo ov'è?" mi disse.
E nel volto suo pallente
un sorriso balenò!
Infelice! Delia mente
la virtude a lei mancò.

CORO

Oh! Qual funesto avvenimento! ...
Tutti ne ingombra cupo spavento
Notte, ricopri la ria sventura
col tenebroso tuo denso vel.

RAYMOND Y CORO

Ah! Quella destra di sangue impura
l'ira non chiami su noi del ciel.

Lucia entra vestida e blanco, su pelo desarreglado,
con palidez de muerte en su rostro
que le dá una apariencia fantasmal.
Su mirada es de piedra,
con movimientos convulsivos
y amarga sonrisa muestra su locura violenta,
la muerte para ella es inminente.

RAYMOND

Eccola!

CORO

Oh giusto cielo!
Par dalla tomba uscita!

226. ¡De la estancia a donde acompañé
a Lucia y su consorte
salió un lamento... un grito,
como de un hombre próximo a morir!
Corrí dentro de esa estancia.
¡Ah! ¡Terrible desgracia!
¡Arthur yacía en el suelo
mudo, frio ensangrentado!
Y Lucia apretaba aun el acero
del asesinato.
Ella fijó su vista en mi
"¿En dónde está mi esposo?" me dijo.
¡Y en su pálido rostro
una sonrisa brilló!
¡Infeliz! De la mente
la virtud a ella le faltó.

227. ¡Oh! ¡Qué acontecimiento tan funesto! ...
Todos estamos llenos de sombrío terror
Noche, cubre con tu tenebroso y denso velo
ésta terrible desventura.

228. Recen para que esa mano sangrienta
no traiga sobre nosotros la ira el cielo.

229. ¡Ahí está!

230. ¡Oh santo cielo!
¡Parece salida de la tumba!

LUCIA

Il dolce suono.
Mi colpi di sua voce!... Ah, quella voce...
M'è qui nel cor discesa! ...
Edgardo! Io ti son resa,
Edgardo! Ah! Edgardo mio!
Si, ti son resa!
Fuggita io son dá tuoi nemici! ...
Un gelo mi serpeggia nel sen!
Trema ogni fibra! ...
Vacilla il piè! ...
Presso la fonte, meco t'assidi alquanto.
Ay de mi! Sorge il tremendo
fantasma e ne separa! Ohimè!
Ohimè Edgardo! ... Edgardo! Ah! ...
Il fantasma, il fantasma ne separa! ...
Qui ricoveriamo, Edgardo,
a piè dell'ara.
Sparsa è di rose!...
Un'armonia celeste...
Di, non ascolti? Ah! L'inno
suona di nozze! Il rito
per noi s'appresta!
Oh me felice! ...
Oh gioia che si sente e non si dice!
Ardon gli incensi... splendono...
le sacre faci, splendon intorno!
Ecco il Ministro! Porgimi
la destra... oh lieto giorno!
Alfin son tua, alfin sei mio,
a me ti dona un Dio...

RAYMOND, NORMAN Y CORO

Ambi in sì crudo stato!
Di lei Signore, di lei pietà!

LUCIA

Ogni piacer più grato,
mi fia con te diviso.

LUCIA

Del Ciel clemente un riso
la vita a noi sarà!

231. Me llega el dulce sonido.
¡De su voz!... ¡Ah, esa voz!...
¡Que es dicha de mi corazón
Edgar! ¡A ti he regresado,
Edgar! ¡Ah! ¡Edgar mío!
¡Sí, he regresado a ti!
¡He huido de tus enemigos!...
¡Un hielo serpentea en mi seno!
¡Tiemblan todas mis fibras!...
Mi pie vacila...
Siéntate conmigo cerca de la fuente.
¡Cielos! ¡Surge el tremendo
fantasma y nos separa! ¡Ay de mí!
¡Ay de mi Edgar! ... ¡Edgar! ¡Ah!...
¡El fantasma, el fantasma nos separa!...
Aquí nos protegemos, Edgar;
al pie del altar.
¡Está cubierto de rosas!...
Una armonía celeste...
¿Dime, no escuchas? ¡Ah! ¡El himno
de la boda suena! ¡El ritual
se apresta para nosotros!
¡Oh, estoy feliz!...
¡Oh, alegría que se siente y no se dice!
¡Que ardan los inciensos... que brillen
las sacras antorchas en torno a nosotros!
¡Ahí está el ministro! ¡Dame
tu mano... oh feliz día!
Al fin soy tuya, al fin eres mío,
Dios te da a mí...

232. ¡Está en tan mal estado!
¡Ten piedad de ella Señor!

233. Todo el placer y la alegría,
compartiré contigo.

234. ¡Una sonrisa clemente del cielo
será para nosotros la vida!

Entra Henry.

LUCIA

Spargi d'amaro pianto
il mio terrestre velo
mentre lassù nel cielo
io pregherò per te.
Al giunger tu soltanto
fia bello il ciel per me! Ah sì!

(continuó)

Esparce el amargo llanto
sobre este polvo mortal
mientras allá en el cielo
yo rogare por ti.
¡Al llegar tu
que el cielo sea bello para mí! ¡Ah sí!

Escena Segunda.
El cementerio del castillo de Ravenswood. Es de noche.
A la distancia, brillan las ventanas del Castillo de Lammermoor.

EDGAR

Tombe degli avi miei l'ultimo avanzo
d'una stirpe infelice.
Deh! Raccogliete voi.
Cessò dell'ira il breve foco...
sul nemico acciaro...
abbandonar mi vò.
Per me la vita
è orrendo peso!...
L'universo intero...
è un deserto per me senza Lucia!...
Di faci tuttavia
splende il castello! Ah! Scarsa
fu la notte al tripudio! Ingrata donna!
Mentr'io mi struggo
in disperato pianto,
tu ridi, esulti accanto
al felice consorte!
Tu delle gioie in seno,
io della morte!
Fra poco a me ricovero
darà negletto avello.
Una pietosa lagrima
non scenderà su quellò!
Ah! Fin degli estinti, ahi misero!
Manca il conforto a me.
Tu, tu pur dimentica
quel marmo dispregiato,
mai non passarvi, oh barbara,
del tuo consorte al lato.

235.

Tumba de mis ancestros; el último
de una estirpe infeliz.
¡Vamos! Se une a ustedes.
Cesó la ira el breve fuego...
sobre el acero del enemigo...
quiero abandonar.
¡Para mí la vida
es horrendo peso!...
¡El Universo entero...
es un desierto para mí sin Lucia!...
¡De hecho sin embargo
brilla el castillo! ¡Ah! ¡Corta fue la
noche de alegría! ¡Ingrata mujer!
¡Mientras yo me
consumo en desesperado
llanto, tú ríes al lado
de tu feliz consorte!
¡Tú con alegría en el seno,
yo con la muerte!
Dentro de poco me dará refugio
una olvidada tumba.
¡Ni una lágrima piadosa
descenderá en ella!
¡Ah! ¡El fin de los extintos, pobre de mí!
Me falta el consuelo.
Tú, tú también olvidaras
ese mármol despreciado,
pero no pases, oh bárbara
al lado de tu consorte.

EDGAR
Ah! Rispetta almen le ceneri
di chi moria per te!
Mai non passarvi,
tu lo dimentica
rispetta almeno chi muore per te.
Oh barbara!

(continuó)
¡Ah! ¡Al menos respeta las cenizas
de quien murió por ti!
Nunca más pases
olvídalo
respeta al menos a quien muere por ti.
¡Oh bárbara!

Del Castillo de Lammermoor se aproxima una procesión

CORO
Oh, meschina! O fato orrendo!

236. ¡Oh pobre mujer! ¡Oh hecho horrendo!

EDGAR
Più sperar non giova omai!
Questo di che sta sorgendo
tramontar più non vedrai.

237. ¡Esperar mas no sirve!
Eso que está surgiendo
ya no lo verá el ocaso.

EDGAR
Giusto cielo! Rispondete,
rispondete, ah!

238. ¡Santo cielo! ¡Responde,
responde, ah!

CORO
Oh meschina.

239. Oh pobre mujer.

EDGAR
Di chi mai, di chi piangete?
Rispondete, rispondete per pietà!

240. ¿Por quién, por quien lloran?
¡Respondan, respondan por piedad!

CORO
Di Lucia.

241. Por Lucia.

EDGAR
Lucia diceste?

242. ¿Dijeron Lucia?

CORO
La meschina...

243. La pobre mujer...

EDGAR
Su parlate!

244. ¡Hablen!

CORO
Si, la misera sen muore.

245. Si, la pobre está muriendo.

EDGAR
Ah!

246. ¡Ah!

CORO
Fur le nozze a lei funeste
di ragion la trasse amore...
S'avvicina all'ore estreme,
e te chiede, per te geme...

EDGAR
Ah! Lucia muore, Lucia, ah!

CORO
Questo di che sta sorgendo
tramontar più non vedrà.
Di ragion la trasse amore
e te chiede, per te geme...

EDGAR
Questo di che sta sorgendo
tramontar più non vedrà
la mia Lucia!

CORO
Di ragion la trasse amore per te!

EDGAR
Ah!

CORO
Rimbomba già la squilla in son di morte!

EDGAR
Quel suono al cor mi piomba!
È decisa la mia sorte!

CORO
Gran Dio!

EDGAR
Rivederla ancor vogl'io!

CORO
Qual trasporto sconsigliato
Ah, desisti, ah riedi in te!

EDGAR
Rivederla e poscia.

247. Para ella fue funesta la boda
un amor infeliz destruyó su razón...
Se acerca su hora final,
y te llama y por ti gime...

248. ¡Ah! ¡Lucia muere, Lucia, ah!

249. Ella no verá transcurrir éste día que
está surgiendo.
Un amor feliz destruyó su razón
y te llama, por ti gime...

250. ¡Este día que está surgiendo
ella no lo verá pasar
mi Lucia!

251. ¡El amor por ti destruyó su razón!

252. ¡Ah!

253. ¡Las campanas ya doblan a muerte!

254. ¡Ese sonido llega a mi corazón!
¡Mi suerte está decidida!

255. ¡Gran Dios!

256. ¡Quiero verla otra vez!

257. ¡Esa pasión irrazonable
Ah, desiste, vuelve en ti!

258. Volverla a ver y después.

Llega Raymond el capellán.

RAYMOND
Ove corri sventurato!
Ella in terra più non è.

259. ¡A dónde corres desventurado!
Ella ya no está en la tierra.

EDGAR
Lucia!

260. ¡Lucia!

RAYMOND
Sventrando!

261. ¡Desventurado!

EDGAR
In terra più non è?
Ella dunque?

262. ¿Ya no está en la tierra?
¿Entonces ella?

RAYMOND
E in cielo!

263. ¡Está en el cielo!

EDGAR
Lucia più non è.

264. Ya no está Lucia.

CORO
Sventurato! Sventurato!

265. ¡Desventurado! ¡Desventurado!

EDGAR
Tu che a Dio spiegasti l'ali
oh bell'alma innamorata,
ti rivolgi a me placata,
teco ascenda il tuo fedel.
Ah, se l'ira dei mortali
fece a noi sì cruda guerra
se divisi fummo in terra
ne congiunga il Nume in ciel!
Io ti seguo!

266. Tú que ante Dios desplegaste las alas
oh bella alma enamorada
te volteas a mi calmada,
para que contigo ascienda tu amante fiel.
¡Ah, si la ira de los mortales
nos hizo cruel guerra
si fuimos separados en la tierra
que nos una Dios en el cielo!
¡Yo te sigo!

Desenfunda su puñal, tratan de desamarlo.

RAYMOND
Forsennato!

267. ¡Loco!

RAYMOND Y CORO
Ah, che fia?

268. ¿Ah, qué haces?

EDGAR
Morir voglio!

269. ¡Quiero morir!

RAYMOND Y CORO
Ritma in te!

270. ¡Vuelve en ti!

EDGAR
No, no, no.

271. No, no, no.

Se apuñala.

RAYMOND Y CORO
Ah!

272. ¡Ah!

RAYMOND
Che facesti?

273. ¿Qué hiciste?

EDGAR
A te vengo... O bell'alma...
Ti rivolgi, ah! Al tuo fedel.
Ah, se l'ira... dei mortali...
sì cruda guerra... oh, bell'alma...
ne congiunga il Nume in ciel,
se divisi fummo in terra.
Ne congiunga il Nume in ciel!

274. A ti vengo... Oh bella alma...
¡Vuélvete, ah! Hacia tu amante fiel.
Ah, si la ira... de los mortales...
si cruel guerra... oh, bella alma...
Dios nos unirá en el cielo,
si fuimos separados en la tierra.
¡Que nos un Dios en el cielo!

RAYMOND
Sciagurato! Pensa al ciel.
Oh, Dio perdona!... Pensa al ciel!
Dio perdona tanto orror.

275. ¡Desgraciado! Piensa en el cielo.
¡Oh Dios perdónalo!... ¡Piensa en el cielo!
Dios, perdona tanto horror.

CORO
Quale orror, quale orror!
Oh tremendo, oh nero fato
Dio perdona tanto orror.

276. ¡Cuánto horror, cuánto horror!
Oh tremendo, oh negro destino
Dios, perdona tanto horror.

Todos se arrodillan al morir Edgar.

FIN

Biografía de Gaetano Donizetti

Domenico Gaetano Maria Donizetti nació en Bérgamo Italia el 29 de Noviembre de 1797, en su familia no había músicos pero en 1806 ingresó a la escuela gratuita Lezioni Caritatevoli de Bérgamo en donde formaban coristas e instrumentistas dedicados a la música sacra. Ahí, aprendió fuga y contrapunto y este fue el momento en que inició su carrera operística.

Inicialmente escribió tres óperas que no tuvieron ningún impacto favorable, pero su cuarta ópera llamada Zoraida di Granata impresionó mucho a Domenico Barbaia que era administrador de teatros quien le ofreció un contrato para componer en la Ciudad de Nápoles.

Junto a Bellini y Rossini formó la triada de compositores italianos que dominaron el escenario operístico, hasta la llegada de Verdi. En 1818 compuso su ópera *Enrico di Borbogna* que fue todo un éxito. *Anna Bolena*, *L'Elisir d'Amore*, *Maria Stuarda*, *Lucia de Lammermoor* triunfaron entre 1830 y 1835.

En 1830 *Anna Bolena* fue premiada en Milán y dos años después triunfó *L'Elisir d'Amore* y luego su *Lucia de Lammermoor* que llegó a ser su ópera mas famosa. Un gran éxito fué el estreno en Paris de *La Fille du Régiment* en 1840 y otro mas en 1843 con *Don Pasquale*.

Virginia Vasselli fue la esposa de Donizetti, con ella procreó tres hijos que fallecieron durante la infancia, poco después murió ella afectada por el cólera.

Durante los últimos años de su vida, Donizetti mostró síntomas de deterioro mental debido a la sífilis que padecía, fue atendido primero en Paris y después en Bérgamo en donde falleció el 8 de Abril de 1848. Fue sepultado en la Basílica de Santa Maria la Mayor en Bérgamo.

De las 75 óperas que compuso, las más conocidas son:

L'Élisir d'Amore	*Lucrezia Borgia*	*Lucia di Lammermoor*
Belisario	*La Fille du Régiment*	*La Favorita*
Don Pasquale	*Poliuto*	*La Zingara*
Maria Stuarda	*Linda de Chamonix*	*Roberto Deveraux*
	Pigmalione	

Acerca de Estas Traducciones

El Dr. Eduardo Enrique Prado Alcalá nació en 1937 en el norte de México, estudió la carrera de medicina y se especializó en cáncer ginecológico y cáncer de mama. Ejerció su carrera durante 40 años y finalmente llegó a la edad del retiro.

Desde la edad de 42 años, se hizo aficionado a la ópera y a la música clásica y formó parte de un grupo de amigos aficionados a estas disciplinas. Tuvo la oportunidad de asistir a funciones operísticas en la Ciudad de México, en Guadalajara México, en Toluca México, en Mazatlán México, en Seattle, en Madrid y en Londres. Organizó en la Ciudad de Mazatlán tres conciertos de música clásica, uno de ellos en la catedral.

Después de retirarse de la medicina, se dedicó a traducir al español óperas de Verdi, Puccini, Mozart, Donizetti, Bizet, Leoncavallo, Mascagni, y Rossini, sumando un total de 31.

Jugum Press y Ópera en Español

Prensa publica estas traducciones de ópera por Dr. E.Enrique Prado:

Vincenzo Bellini:
Norma

Georges Bizet:
Carmen

Gaetano Donizetti:
Anna Bolena, Don Pasquale, Lucia di Lammermoor, Lucrezia Borgia

Ruggero Leoncavallo:
I Pagliacci

Pietro Mascagni:
Cavalleria Rusticana

Wolfgang Amadeus Mozart:
Die Zauberflöte, Don Giovanni, Le Nozze di Figaro

Giacomo Puccini:
La Boheme, La Fanciulla del West, Madama Butterfly, Manon Lescaut, Tosca
El Tríptico: Gianni Schicchi, Suor Angelica, Il Tabarro

Giacchino Rossini:
Il Barbiere Di Siviglia, La Cenerentola

Giuseppe Verdi:
Aida, Un Ballo in Maschera, Don Carlo, Ernani, Falstaff, La Forza del Destino, I Lombardi, Macbeth, Nabucco, Otello, Rigoletto, Simon Boccanegra, La Traviata, Il Trovatore

Para información y disponibilidad, por favor vea
www.operaenespanol.com
Correo: JugumPress@outlook.com
Síganos en Twitter: @jugumpress
Regístrate para nuestras noticias: http://eepurl.com/5m7tj

www.ingramcontent.com/pod-product-compliance
Lightning Source LLC
Chambersburg PA
CBHW081303040426
42452CB00014B/2624